AF400061

Tout ira bien,
C'est promis

Mlle Hong

Édition : BoD · Books on Demand GmbH, In de Tarpen 42, 22848 Norderstedt (Allemagne)

Impression : Libri Plureos GmbH, Friedensallee 273, 22763 Hamburg (Allemagne)

ISBN : 978-2-3225-5723-3
Dépôt légal : Novembre 2024

À tous les cœurs brisés qui ont besoin d'être réparés,
Quand les mots brisent, ils réparent également...

L'écrivaine

Toujours la poète, jamais le poème.
Transformer les mots en une œuvre d'art.
Transmettre ses émotions à travers des mots.
Se libérer sur le papier.
Le destin qu'elle a décidé. Écrire pour se libérer.

Les étoiles

Les étoiles lui ont toujours souri. Lorsqu'elle regardait le ciel, il
y avait toujours une étoile à ses côtés.
Un regard et elle se sentait apaisée.
Si elle fermait les yeux assez longtemps, elle pouvait les
entendre lui chuchoter « Tout ira bien, c'est promis ».

La constellation

Parmi toutes les étoiles dans le ciel, toutes les constellations, il y en avait une qu'elle préférait par-dessus toutes. Sa constellation à elle. Chaque étoile qui la constituait avait une place importante dans son cœur. Toutes uniques les unes des autres.

Chacune de ces étoiles qui apparaissait une à une dans le ciel, ce ciel si vaste et infini. Années après années, prenait toujours plus de valeur.

Elle les admirait tous les soirs en espérant les retrouver, les revoir ne serait-ce qu'une seconde. Chaque étoile filante était comme un sourire de leur part. Chaque satellite était comme un message. Chaque avion qui passait dans le ciel, était un espoir qu'ils soient à l'intérieur et qu'ils reviennent sous une autre forme qu'une étoile.

Elle était liée aux étoiles d'une façon ou d'une autre. Elle attendait le coucher du soleil tous les soirs pour pouvoir les admirer. Elle adorait être dans un avion pour pouvoir se sentir plus proche d'eux.

Chacun de ses vœux, de ses promesses leur étaient adressés, espérant qu'ils soient là à l'écouter et à l'épauler à chaque nouveau chapitre de sa vie.

Chacune de ses étoiles dans le ciel, reliées les unes aux autres, forme sa constellation.

Le temps

Le temps… Notre meilleur ami comme notre pire ennemi. Le temps répare les blessures. Mais en cause également. À la fois tranchant et réconfortant.

Le temps, clé de toute guérison, répare les blessures, les apaise, les réanime…

Vouloir remonter le temps, vouloir le figer. Vouloir revivre certains moments de nos vies. Vouloir les oublier.

Le temps joue avec nos sentiments. Il nous aide à guérir, nous en empêche.

On se remémore des moments qui appartiennent maintenant au passé. On essaye de se concentrer sur le présent. D'avancer vers le futur. Le passé devient des souvenirs. Parfois des souvenirs plus douloureux que d'autres. Des souvenirs qu'on aimerait revivre encore et encore. Vouloir les garder à jamais dans notre mémoire.

Décider de faire bon usage de notre temps ou de le gâcher. Le temps est fourbe. Il file sans qu'on le veuille. Parfois plus vite que d'habitude. Parfois plus lentement.

Attendre le bon moment. Être presser de le vivre.

On ne peut pas avoir à nouveau ce que le temps nous a pris.

Le passé, le présent, le futur.

La distance

Elle nous arrache ce que nous avons de plus précieux.

Absente et présente en même temps. Ne pouvoir rien n'y faire.

1 kilomètre. 100 kilomètres qui se transforment en des milliers.

Séparer par des océans, par des continents.

Jamais la même heure, jamais le même endroit.

Aussi loin que proche.

On est comme cette expression qui dit « Loin des yeux, près du cœur ».

Être constamment loin de tout.

Ce fil invisible qui nous relie où qu'on soit dans ce monde. On s'éloigne, on se rapproche. La distance diminue. Elle devient pesante de jour en jour. On s'habitue ou alors on la subit. D'une façon ou d'une autre, la distance nous déchire petit à petit.

Elle nous rapproche. On devient plus fort. Des liens invisibles nous ont soudés à jamais.

Le Cœur et la raison

Le cœur et la raison. Un éternel combat. La raison essaie de contrôler ce que le cœur ne veut pas contrôler. Ce qu'il ne peut pas.

Tirailler entre écouter son cœur ou écouter sa raison. Tomber dans un gouffre ou se retenir de tomber. L'un comme l'autre, on chutera. C'est inévitable. Vivre avec son cœur, est-ce vivre librement, tandis que la raison nous emprisonne dans ses pensées et ses limites.

Vouloir partir. Partir et ne pas réussir car le cœur garde espoir et reste. Jusqu'au jour où la raison l'emporte et prend la relève. Le cœur devient bien trop lourd pour continuer. La raison ramasse les morceaux brisés, causé par l'amour, s'en voulant de ne pas avoir réussi à protéger la chose la plus fragile. Le cœur aussi innocent qu'espiègle. Fragile et fort à la fois.

La raison laisse le temps au cœur de guérir. Il recommencera à coup sûr car c'est comme ça que le cœur fonctionne. Il aime, se brise, s'endurcit et recommence ce cycle sans fin.

Aimer. Aimer à en mourir, à en souffrir… une douleur qui est pourtant douce, amère et brûlante.

L'Amour

L'Amour, envoutant et effrayant. On a envie d'aimer. Alors que c'est tout aussi terrifiant que magnifique. Au fond, la peur fait partie de l'Amour.

L'Amour nous fais rêver. Elle nous fait des promesses, qu'elle ne tient pas toujours. On lui en veut de nous faire mal lorsqu'elle se brise. Et pourtant, tout au fond de nous, on reste toujours attaché à cet Amour qui nous consume et nous redonne vie tous les jours.

Tous à sa conquête. On réclame et rêve d'un Amour pur. Un Amour qui s'éternisera toute notre vie. Celui qui nous envoutera un peu plus chaque jour. Celui qui nous fera un peu plus peur chaque jour.

Mais au fond, c'est ce que nous voulons.

Souvent comparé à un gouffre. Comme si on se trouvait au bord d'une falaise, prête à s'effondrer sous nos pieds. C'est ce qui rend l'Amour aussi beau.

Incontrôlable, inattendu et surprenant.

L'attente

J'ai attendu. Peut-être un peu trop longtemps.

J'ai attendu. Peut-être pas assez.

J'ai dû partir pour avoir la réponse. J'ai attendu. Assez de temps pour savoir que toute cette histoire n'avait plus de sens.

Partir. Revenir. Une boucle sans fin. Ni toi ni moi le voulions.

Rester. Continuer. Se détruire pour ensuite se reconstruire.

Attendre. 1 semaine. 1 mois. 1 an.

Suspendu dans le temps. Compter les secondes puis les minutes.

Téléphone, messages...

J'ai attendu des heures que tu m'appelles.

Sans aucune réponse. Sans nouvelle. Aucun message. Aucun appel en retour.

Je t'ai attendu comme le Soleil attend la Lune. J'ai gardé espoir jusqu'à la dernière seconde. Jusqu'au jour où j'ai décidé de partir. Partir pour ne plus revenir.

Roses

Belles et splendides au début. Leurs pétales se fanent au fil du temps.

En prendre soin ou les laisser mourir lentement.

Essayer de les garder intactes, de les garder le plus longtemps possible.

Essayer et échouer. Elles sont faites pour faner.

Lorsque le dernier pétale tomba sur le sol, j'ai su. J'ai su que c'était terminé. C'était la fin de tout. De toi et de moi. Notre amour s'est fané comme ces roses.

L'espoir

Aussi difficile à accepter, elle s'est faite une raison.

Il est parti et elle est impuissante.

Certaines personnes ne sont que de passage dans nos vies, qu'on le veuille ou non. Il n'était destiné à faire partie de sa vie que pour un certain temps. Leurs chemins se sont séparés.

Continuer de croire que rien ne changera, tandis que le monde autour d'elle s'est effondré.

Avoir l'espoir de pouvoir revenir en arrière et de revivre ce qui lui a échappé des mains.

Parfois tenir à quelqu'un ne suffit pas. Pas cette fois.

Attachée

Deux cœurs reliés l'un à l'autre. Impossible de les séparer et
pourtant.
Ce lien qui les relie malgré eux, peu importe où ils se
trouvent.
En parler pour changer.
Continuer pour réaliser.
Tenir à toi et penser tout changer. Le passé et le futur.
Tenir à toi et voir le monde changer en même temps.
Ton monde et le mien.
Deux mondes différents, reliés à un fil.
Avancer l'un et l'autre. Ensemble et séparés en même temps.
Nos mondes se croisent à un moment, mais restent toujours à
une certaine distance.
Y penser et oublier. Ressasser et avancer.
Balancer entre le passé et le futur.
Vouloir avancer tout en étant enchainé.
Des fils invisibles et présents.
Vouloir les briser sans y arriver...

Anxiété

Trouver la paix dans le chaos. M'y être habituer.

Essayer de te contrôler constamment. Vouloir que tu disparaisses mais avoir peur sans toi.

Au final, c'est toi qui me contrôles. Sans que je puisse y faire quelque chose. Coincée dans une spirale, sans pouvoir rien n'y faire. Avoir l'impression d'être enchainée à toi.

Cette douleur dans la poitrine, cette boule coincée dans la gorge, dans le ventre.

Se retrouver perdue dans ton chaos. Se retrouver perdue sans toi.

Avoir l'impression de ne pas pouvoir vivre sans toi, mais vouloir vivre sans toi. Sans peur. Sans angoisse.

Rester bloquée quand tu apparais, ne plus réussir à faire quoi que ce soit. Ne plus réussir à réfléchir comme il faut. Arrêter de respirer, respiration saccadée.

Ce sentiment pesant, incontrôlable. Plus j'essaie de te contrôler, plus tu prends le contrôle.

Grandir de jour en jour. Tu prends de plus en plus de place. Te détester. T'aimer.

Corps

Elle avait une relation compliquée avec son corps. Vouloir maigrir, mais pas trop. Avoir peur de grossir et le vouloir.

Peur de ne plus rentrer dans ses vêtements. Se sentir mal quand ils lui vont trop grands.

Essayer de trouver une balance. Avoir peur d'un chiffre.

Compter chaque repas. Les sauter puis les oublier. Manger comme il faut. Ne pas manger du tout. Culpabiliser puis recommencer.

Tout est relatif mais pour elle, c'est devenu une obsession.

Toujours être à la recherche de la balance parfaite. La réalité c'est qu'elle l'avait trouvée.

Écouter son corps, le laisser vivre et ne plus avoir peur.

Le Soleil

Soleil : n.m

Étoile qui gravite autour de la Terre.

Le Soleil, l'étoile la plus brillante du système solaire. Capable d'illuminer une pièce entière avec un seul de ses rayons.

Elle était le Soleil puis s'est transformée en Lune. Ce satellite lumineux qui ne brille que la nuit. Une face cachée, une face illuminée.

Elle a continué de rayonner mais pas pour lui. Une partie d'elle s'est éteinte avec lui.

Attendant qu'un autre, l'aide à retrouver cette partie d'elle aussi solaire.

Malgré tout, elle continuait de sourire. Faisait tout pour redevenir le Soleil qu'il connaissait.

Mais cette fois, elle faisait tout pour redevenir le Soleil. Pas pour eux, mais pour elle.

Le sourire

Ce qu'il préférait chez elle, c'était son sourire. Alors elle l'a effacé. Attendant qu'on lui rende pour être de nouveau celle qu'elle a été.

Se forcer pour lui montrer que tout va bien.

Sourire pour lui, sourire pour elle.

Ce sourire aussi rayonnant qu'un rayon de Soleil. Celui qui illuminait la pièce. Celui qui leur réchauffait le cœur.

L'avoir détesté puis avoir envie qu'il revienne. Pas pour lui mais pour elle.

L'avoir perdu malgré elle. Essayer de retrouver ce qu'elle aimait le plus. Mais son sourire était lié à tellement de souvenirs. Sourire était synonyme de rupture. Une rupture entre elle et sa joie de vivre.

Mais sourire était également synonyme de bonheur. Un bonheur qu'elle retrouve un peu plus chaque jour.

Alors elle en fit sa plus grande force face à ce monde.

Impression

Avoir l'impression de le connaitre depuis toujours. Seulement quelques mois et pourtant…

Reconnaitre sa voix parmi tant d'autres. Reconnaitre chacun de ses éclats de rire.

Essayer de le retrouver dans chaque garçon qu'elle rencontre. Essayer de retrouver son sourire, son humour.

Ne plus se contenter du minimum, lorsqu'il lui avait tout donné. Avoir mis la barre haute, au point où tous ses standards sont devenus encore plus hauts. Lui en vouloir et le remercier. Contradictoire mais vrai.

Plus que de simples amis. Moins que des amoureux. Ne peuvent pas être ensemble. La vie en a décidé ainsi.

Elle essaie de comprendre mais en vain. Aucune explication. Il n'y a plus rien à comprendre.

Avoir l'impression que toute la situation lui échappe et pourtant.

Tout ceci n'est qu'une impression. Un moment figé dans le temps, qui n'existe plus.

Amour impossible

Attirés l'un par l'autre, comme des aimants.
Jamais l'un sans l'autre.
Souffrir de la situation, devoir faire avec.
La vie les a mis sur le même chemin.
Ne se croiser qu'un court instant. Jamais au même endroit, au même moment.
Deux étoiles perdues dans le vaste espace, apprendre à vivre ainsi.
Être impuissant, le subir puis en souffrir.
Avancer comme si de rien n'était. Attendre le moment où leurs chemins se re croiserons, espérer et en pleurer.
Dans une autre vie, une autre réalité, toute cette histoire aurait marché.
Mais dans cette réalité, ils vivent un amour impossible.

Rupture

Devoir leur dire au revoir sans le vouloir. Savoir que c'est pour le meilleur, mais vouloir tout recommencer. Vouloir espérer quand on sait que c'est terminé.

Plus de retour en arrière. Avancer pour devenir une meilleure version de soi.

1 an ou 1 mois, la douleur restera la même.

Amour de vacances, amour d'été. Une soirée ou une journée.

Se quitter par message, par appel ou en personne.

Il a joué et perdu. Elle a souffert et gagné.

Elle est devenue plus forte, en partie grâce à lui.

L'avoir vu se reconstruire jour après jour. L'avoir épaulé quand il le fallait.

Avoir voulu prendre toute sa douleur pour la soulager.

L'avoir vu s'apaiser au fil du temps. Être heureuse pour elle et la voir briller de nouveau.

Voyage

On dit souvent que partir est compliqué mais la réalité est que revenir est le plus douloureux.

Savoir que nous pourrons toujours revenir à notre ancienne vie. Mais vivre qu'une seule fois ces moments figés dans le temps.

Nous pourrons toujours reprendre un billet retour. Mais pas un billet retour dans le temps.

Cette fois c'est impossible. Avoir vécu des mois avec les mêmes personnes. Savoir que vous partagez les mêmes instants tous ensemble. Vos souvenirs gravés dans la mémoire pour toujours.

Une fois cela terminé, rien ne pourra redevenir comme avant. Des moments vécus. Des moments merveilleux, qui appartiennent maintenant seulement au passé. Les faire revivre dans nos mémoires. En parler, en pleurer, en rire.

Personne ne peut comprendre cette douleur, tant qu'on ne l'a pas vécue soi-même. Aussi chaleureuse que transperçante. Envie de repartir pour tout revivre comme la première fois.

Une expérience d'une vie.

Vacances

Son pays de cœur. Elle y a grandi, évolué au fil du temps.
Un pays qui la détruite puis reconstruite.
L'aimer de tout son cœur. Lui en avoir voulu de lui avoir arraché
ses rêves. En avoir construit d'autres.
Un pays merveilleux et riche en émotions.
Vouloir y retourner à chaque occasion.
Prendre un avion, atterrir au-dessus de la mer. Changer d'air.
Retrouver des instants de bonheur. Courts et intenses.

Nostalgie

La nostalgie… Ce sentiment aussi doux qu'amer.

On se remémore nos plus beaux souvenirs. On essaie de les revivre. Coincés dans le passé. Nous prend notre énergie. Se rendre malade car ces moments nous manquent tellement.

Être heureuse d'avoir vécu tous ces moments.

Regarder en boucles les photos, les vidéos. Rigoler devant nos têtes heureuses. Verser une larme.

Être nostalgique de la veille. Nostalgique de l'instant présent. Déjà l'être pour les futurs évènements.

Un sentiment aussi beau que poignant.

Se raccrocher aux souvenirs constamment.

Musique

La musique a une grande place dans sa vie. Elle ne connait que ça depuis son plus jeune âge.

Son havre de paix. La musique l'a sauvée.

Toujours présente à ses côtés. Dans ses moments de bonheur. Présente dans ses moments d'horreur.

Son échappatoire. Avoir abandonné quelques un de ses rêves, pour se réfugier dans sa zone de confort. L'avoir dépassé, après tant d'années.

Un monde qui l'a brisée à certains moments. Mais un monde qui lui a tant donnée.

La musique lui a redonné le sourire quand d'autres l'ont brisée. Se retrouver dans des mélodies, des paroles.

S'évader en jouant, laisser ses sentiments prendre le dessus. Créer des mélodies, les interpréter.

On dit que la musique parle à notre place, quand on en est plus capable.

Elle l'a laissée la diriger, la guider. Être perdue dans la musique. Avoir trouvé un sens à sa vie.

Avoir voulu abandonner, à plusieurs reprises. Avoir persévérer malgré tout.

Aussi douloureux que magnifique, la musique a su réparer son cœur.

Photos

Elle adorait capturer des moments brefs et vifs.

Les photos reflétaient sa vision du monde. Elle arrivait à captiver l'attention de tout le monde avec une simple photo.

Un simple paysage pouvait se transformer en une œuvre d'art pour elle. Des détails que personne ne voyait. Elle transforma sa galerie en une multitude d'œuvres.

Des moments simples. Des moments émouvants.

Romantiser sa vie. Se créer des souvenirs qu'elle montrera à ses enfants plus tard.

Elle arrivait toujours à saisir l'essence du moment. L'immortaliser à jamais.

Grandir

Grandir est vu comme quelque chose d'extraordinaire. Ça l'est. D'une certaine façon.

Mais il arrive que parfois, on veuille revivre nos années de jeunesse. L'époque quand on était petits, insouciants et sans problème.

Pouvoir courir dans le jardin, jouer avec nos poupées, inventer des histoires avec nos frères et sœurs.

Avoir les yeux qui brillent le matin de Noël, lorsqu'on voit la montagne de cadeaux, posés au pied du sapin. Rire aux éclats à une blague trouver sur des papiers de bonbons.

Se blottir dans les bras de nos parents sans raison particulière. Souhaiter rester jeune toute notre vie. Souhaiter de vouloir grandir plus vite pour découvrir la vie. Vivre une vie d'adulte.

Jusqu'à qu'on se rende compte, que la vie n'est pas toujours aussi lisse. Pas toujours aussi belle et rose.

Lorsqu'on grandit, on se rend compte des problèmes dans le monde. On prend conscience de certaines choses, celles qu'on nous cachait, qu'on ignorait tout ce temps.

Mais grandir est tout aussi extraordinaire. On apprend et découvre une nouvelle image du monde.

Famille

J'ai toujours pensé qu'on avait deux familles.

La famille que l'Univers nous offre. Et la famille qu'on choisit nous.

S'aimer, se disputer, s'unir. Être plus fort ensemble.

Une famille de sang et une famille de cœur.

Se retrouver séparer à des milliers de kilomètres, et pourtant toujours garder ce lien si unique et précieux.

Se voir souvent ou bien seulement quelques fois dans l'année. Rien ne change.

Quand on se retrouve, tout est resté comme avant. C'est comme si on reprenait là où on s'était séparer. Toujours les mêmes. Les mêmes sourires, les mêmes rires.

De nouvelles histoires, de nouveaux membres chaque année. S'agrandir. Former une famille plus grande.

Les Parents

Prêts à tout pour leurs enfants. C'est le rôle qu'ils ont choisi.
Pas toujours simple d'avoir la responsabilité d'un petit.
Aussi dur que ce rôle soit, ils l'ont toujours fait avec le sourire.
Peu importe la situation.
Prêt à affronter des tempêtes pour leurs enfants, prêt à tout sacrifier.
Choisir de les aimer de tous leur cœur, de les élever.
Un métier non reconnu aux yeux de la loi. Et pourtant, il est tout autant difficile qu'un autre. La différence est que cela est fait avec le cœur. Et cela vaut tout l'or du monde.
Ne pas toujours être d'accord avec nos parents, leur en vouloir de nous interdire certaines choses. Alors qu'ils font cela pour notre bien.
Prétendre savoir mieux qu'eux, alors qu'en réalité ils sont passé par là avant nous.
Devoir les écouter, leur désobéir pour se rendre compte qu'ils avaient raison.
Ils nous apprennent ce qu'est d'affronter la vie. Nous préparent pour la suite. Nous préparent pour être à notre tour parents.
Toujours présents en cas de problèmes. Toujours présents pour nous redonner le sourire.
Un rôle compliqué, qui s'apprend sur le tas.
Les remercier pour tout ce qu'ils ont sacrifié pour nous. Tout ce qu'ils ont donné et appris.
Les remercier d'avoir fait de nous les personnes que nous sommes aujourd'hui.

Papa

Par définition, un papa est celui qui nous a donné la vie d'une certaine manière.

Mais il arrive parfois que ce ne soit pas le cas.

Ma définition à moi est la suivante :

La personne qui nous élève, une personne qui nous aime de tout son cœur et ne fait aucune différence avec ceux à qui il a donné la vie.

Il est prêt à tout pour le bonheur de son enfant. Toujours présent pour l'épauler quoi qu'il arrive.

Reliés par le cœur.

Les liens du sang sont certes forts, mais lorsque nous avons aucun lien sentimental, ce lien se brise et n'est seulement qu'éphémère.

Grandir à ses côtés. Apprendre la vie grâce à lui. Forger la personne que je suis et que je deviens.

L'aimer en tant que père. Ne former plus qu'une seule et même famille.

Maman

Celle qui nous donne la vie.

Celle qui nous aime comme la prunelle de ses yeux.

Celle qui ferait tout pour nous préserver.

Un amour infini et débordant.

Toujours à nos côtés.

Une maman est une personne tellement forte.

Prête à tout sacrifier pour son enfant.

Devoir faire des choix difficiles. Avoir peur d'avoir pris la mauvaise décision.

Peur de se retrouver seule et ne pas savoir comment faire.

Rester forte. Reconstruire une vie meilleure. Pour elle, pour sa fille.

Avoir tout fait pour lui offrir une meilleure vie. Prête à se mettre le monde à dos, juste pour voir son sourire.

Lui avoir offert une famille : vraie et aimante. Reliées par le sang, par le cœur.

À jamais reconnaissante.

Amitié

Il arrive parfois de perdre des personnes auxquelles on tient énormément.

Perdre une amitié est difficile. Cette douleur dans le cœur, comme si on nous transperçait la poitrine.

On parle souvent des séparations amoureuses mais pas celles entre amis.

Perdre une personne avec qui on partageait énormément de choses.

Chaque détail de notre vie. Nos sentiments, nos ressentis.

Leur souhaiter le meilleur. Penser connaitre une personne tandis qu'on en découvre une autre.

Croiser cette personne devenue qu'un simple inconnu à nos yeux. Un inconnu dont on reconnait le rire, la voix.

Devenus des inconnus avec des souvenirs en commun.

Les émotions

Vivres ses émotions à cent pour cent. Épuisant et pourtant.

Cela peut parfois être contraignant. Vouloir que nos émotions soient plus minimes qu'elles ne le sont vraiment.

Vivre sa tristesse cent fois plus forte que la normale. Mais vivre des petits moments de bonheur et être cent fois plus heureuse que la normale.

Ressentir la colère plus fort, mais ressentir la joie plus fort également.

Aimer en entier et pas qu'à moitié.

Ne pas contrôler ses émotions. Essayer sans y arriver.

Entendre se dire qu'on exagère nos émotions. Qu'on en fait trop.

Tandis que c'est notre façon à nous de réagir, de ressentir. Ne pas s'en rendre compte, car c'est comme ça que nos émotions fonctionnent.

Toujours ressentir cent fois plus que la normale.

Vulnérable

Elle essaye de rester forte. Pour elle, mais avant tout, pour ses
proches. Il le fallait, elle le devait.
Se faire passer après tout le monde. Leur bonheur était sa
priorité.
Rester forte pour ne pas tomber. Ne pas s'effondrer. Prendre
ce rôle pour apaiser leurs cœurs.
Prête à tout endosser, pour ne pas les voir pleurer. Réparer ce
qui est brisé et être brisée.
Avancer avec un sourire, tandis que son cœur lui cri de tout
arrêter.
Essayer et vouloir tout contrôler autour d'elle. Elle ne voulait
pas leur montrer ses faiblesses. Pour elle, il fallait qu'elle soit
forte, la fille solaire que tout le monde connait.
Réparer ses propres blessures. Vouloir tout arranger.
Elle ne se laisser pas le droit d'être vulnérable. Elle minimisait
ses émotions, les faisaient disparaitre.
Au fond, elle savait qu'elle avait le droit de lâcher prise parfois.
Aussi dur que cela soit, il fallait qu'elle perdre le contrôle pour
le retrouver. Elle a dû apprendre à se faire passer avant les
autres. Ne pas culpabiliser.
Elle menait une guerre contre elle-même.
Vouloir se protéger constamment. Préserver ce qu'elle avait
de plus fragile. Ne pas vouloir se faire briser le cœur.

Cœur

Elle est capable de beaucoup de choses. Plus que ce qu'elle ne pense.
Elle peut tout faire si elle s'en donne les moyens.
Elle le fait avec le cœur.
Son cœur, ce qu'elle a de plus fort et de plus fragile. L'écouter et suivre ce qui lui dit. Essayer de le contrer sans vain. Elle en revient toujours au même point. Même si elle fait le tour de la Terre.
Quoi qu'elle fasse, son cœur la guidera.
Qu'il soit en parfait état ou complètement brisé.
C'est celui qu'elle écoutera en premier. Car c'est ce qu'elle veut réellement, peu importe le prix que ça va lui coûter.

La promesse

À chaque étoile filante, chaque bougie soufflée à son anniversaire.

Elle se faisait toujours la même promesse.

Une promesse, qui a bien plus de signification pour elle qu'elle n'y parait. Reliée à tant d'évènements de sa vie.

Une promesse à jamais gravée sur sa peau. Une promesse qu'elle s'est faite depuis son plus jeune âge. Une promesse qu'elle compte bien tenir.

Aussi futile qu'elle soit, cette simple phrase l'aide à avancer. La rassure et lui donne le courage de continuer peu importe la situation.

Le bonheur

Toujours à la conquête du bonheur.

Le bonheur, vu sous plusieurs angles. Relié à tellement de sentiments.

Un sentiment relatif à chacun. On définit tous le bonheur à notre façon.

Celui qui nous fait pleurer de joie, celui qui nous réchauffe le cœur.

Chacun de nous trouve son bonheur dans des situations complètement différentes.

Il se trouve partout. Même lorsqu'on ne l'attend pas.

Une simple phrase, une simple action peut déclencher le bonheur chez une personne.

Simple et complexe, le bonheur.

L'Océan

Ce doux bruit des vagues. Ce bleu couleur azur, qui s'étend à l'horizon.

Écouter les vagues s'écraser sur le sable chaud. Le doux chant des mouettes. L'air salée sur la peau.

Aussi reposant qu'angoissant.

T'aimer et te craindre. Ironique mais vrai. Vouloir être proche de toi constamment, pouvoir t'admirer et se noyer dans tes profondeurs. En avoir peur. Peur de ne plus revenir et de rester piégée.

Se débattre pour s'en sortir mais vouloir se laisser emporter par ta douceur.

Aussi trompeur qu'envoûtant.

Finir par t'aimer par-dessus tout. Se réfugier là-bas lorsque c'est le chaos. Faire abstraction de tout.

Écouter les vagues s'écraser sur les rochers. Toucher le sable fin. La brise d'air salée dans les cheveux.

Se sentir en sécurité à tes côtés.

Maladie

Invisible à nos yeux mais douloureux.

Avoir pris possession de ceux qui sont chers à mon cœur.

Leur avoir volés la vie. Leur avoir laissés. Combattre ou se battre. Aller dans ton sens et te laisser gagner. Ou bien te déjouer et te laisser perdre.

Avoir détruit des familles. Verser des larmes. Les avoir rapprochés mais les avoir séparés en même temps.

Continuer de vivre comme si tu n'avais jamais existé. Tu étais bel et bien présente.

Souhaiter que tu disparaisses à jamais. T'effacer de nos mémoires.

Laisser des séquelles sur ton passage. Toujours avoir peur que tu reviennes, et que tu termines ce que tu n'avais pas réussi auparavant.

Avoir peur de toi, t'en vouloir. Comprendre le sens derrière tout cela. Vouloir être plus fort en espérant te détruire complètement.

La mort

Avoir peur de toi. Te redouter nuits et jours. Quelque chose auquel on ne peut échapper. Tu détruis des vies, tu en répares d'une certaine façon. Être hors de soi lorsque tu nous arraches un être cher.

Savoir que certaines personnes sont mieux là-haut plutôt que sur Terre.

Quelque chose d'irréversible.

Une fois que tu as décidé du sort d'une personne, tu ne reviens pas sur ta décision.

Enlever la vie à des innocents. Enlever la vie à des enfants, des adultes qui avaient encore toute la vie devant eux.

Vue comme quelque chose de noir et sombre,

Certains y succombent. D'autres essayent de t'éviter à tout prix.

Tout le monde y passera, certains plus jeunes que d'autres. Comme un billet avec une date de péremption.

Quelque chose qu'on ne peut contrôler.

En avoir peur. Essayer de vivre avec le fait, que c'est ainsi que la vie fonctionne.

Qu'on le veuille ou non.

La Vie

La vie est complexe en tous points. À moins qu'on se la complique.

Trop réfléchir. Pas assez.

La vie est simple. La vie est dure.

La vie est vu comme des montagnes russes : des hauts et des bas.

Il faut connaitre des moments plus sombres pour vivre des moments plus joyeux. Les deux se complètent.

Le mal et le bien. La tristesse et la joie.

On dit souvent que pour être heureux, il faut savoir être triste.

Si on ne connait pas l'un, on ne peut connaitre l'autre.

La vie nous offre tellement de belles choses. Saisir sa chance lorsqu'on le peut.

Avoir l'impression d'avoir loupé quelque chose, de ne pas être là où nous sommes censés être.

Se sentir à sa place. Être exactement là où on est censé être.

Vivre sa vie sans se soucier du reste. Vivre une vie qu'on aimerait recommencer et non une vie qu'on regrette.

Le monde est grand et vaste. La vie est belle et courte.

L'Univers

Rempli de mystère. On pense te connaitre, alors que tu es bien plus grand que ce que l'on pense.

Tu fonctionnes selon tes envies.

Parfois tu fais des choses auxquelles on ne s'attend pas. Auxquelles on ne veut pas avoir à faire. Mais tu sais ce que tu fais.

Parfois, on te trouve injuste. On t'en veut. On te remercie une fois qu'on a compris le sens.

Tu donnes la chance à certains de se rattraper et à d'autres de vivre leurs rêves. Tandis que certains n'ont pas cette chance.

On choisit d'y croire ou non.

Le hasard de la vie. Je continue de croire que tout arrive pour une raison. Si une situation, un évènement se passe ainsi, c'est que tu as décidé que c'est de cette façon-là, que ça devait se passer.

Trouver de la beauté dans chaque petit moment.

Continuer de croire, que quoi qu'on fasse, nos choix nous ramènerons toujours là où nous sommes censés être. Tu nous laisse faire nos propres choix. Mais tous nous ramènent à la même destination.

Je t'adresse ce dernier texte, pour te remercier. Merci d'avoir mis sur mon chemin toutes les personnes incroyables, qui sont toujours là à mes côtés. Merci de m'avoir permis de réaliser des rêves que je ne pensais même pas possible. Merci de m'avoir aidée à m'accrocher quoi qu'il arrive.

Croire en soi, croire à son destin. Voilà ce que tu m'as appris.

"Everything will be alright, I promise"

With all my love, Léa

Lettre pour le passé

Si on me demandait de changer quoi que ce soit, je ne répondrais absolument rien du tout.

Ce qui est passé est passé. Tous ces merveilleux souvenirs t'appartiennent. Ils vivent encore dans ma mémoire.

Tout ce qui a pu m'arriver, ce que tu m'as appris au fil du temps, m'a aidée à devenir la personne que je suis aujourd'hui. Tu m'as aidée à me forger, à grandir, à apprendre et à découvrir le monde.

Avoir souffert à certains moments, mais savoir que c'est quelque chose qui m'a rendue plus forte.

Si tu pouvais voir tout le chemin qu'on a parcouru, tu serais plus que fière.

Toi qui nous as donné tous ses rêves. Les réaliser un à un pour toi.

Avancer sans regarder derrière soi. En garder que le meilleur dans chaque expérience.

Lettre pour le futur

Je sais que le futur te fait peur, mais il est également merveilleux.

Des milliers d'aventures t'attendent avec impatience. Quitter le passé pour vivre le moment présent.

Des milliers de rêves attendent avec impatience d'être réalisé.

Choisir de rester coincée au même niveau, ou avancer pour continuer de grandir.

Un grand horizon n'attend que toi.

Garder la tête haute, avancer et vivre tout ce que la vie t'offre.

Je ne dis pas que cela sera facile, loin de là.

Tu es assez forte pour pouvoir affronter les épreuves qui se mettrons en travers de ton chemin. Une chose est sure, tu sauras t'en sortir quoi qu'il arrive.

Continue sur ta belle lancée. Tu as encore tellement de merveilleuses rencontres à faire.

Tu continueras de découvrir le monde, de t'en émerveiller.

Tu tomberas plus d'une fois mais tu te relèveras plus d'une fois également.

Garder le passé dans notre mémoire et avancer vers le futur.

Tables des matières

Remerciements

Cette idée de recueil de poèmes a émergé avec le temps.

J'ai toujours aimé écrire, notamment des histoires. À côté de cela, j'ai toujours écrit des petits textes, des phrases qui restaient coincées dans ma tête.

Écrire est une façon pour moi, de me vider la tête. De pouvoir mettre des mots sur des pensées qui peuvent devenir trop envahissante.

C'est avec une immense joie que je vous partage quelques-uns de mes poèmes dans mon tout premier recueil « Tout ira bien, c'est promis ».

Quelques-uns de ces poèmes ont été écrits pour apaiser le cœur de mes proches mais surtout mon cœur à moi. Tous inspirés de la vie, de ce qui m'entoure, mes ressentis et mes sentiments.

Ce recueil de poèmes me tient énormément à cœur. De tous mes projets, c'est celui qui est le plus personnel et touchant.

J'espère qu'il vous plaira tout autant qu'il m'a plu à l'écrire.

Je tiens à remercier mon entourage pour m'avoir toujours encouragé dans mes projets, de croire en moi.

Merci à mes parents de m'épauler nuits et jours.

À ma sœur qui m'a montré que la vie est belle malgré ses bas. Et que parfois il est nécessaire de lâcher prise.

Merci à tous mes amis les plus proche, d'être là dans les hauts comme dans les bas.

Merci à mon amie Jeanne d'avoir pris le temps de relire ces merveilleux poèmes et de les avoir corrigés.

Merci à BOD de rendre ce projet possible et réel en m'aidant à le publier.

C'est avec un grand honneur que « Tout ira bien, C'est promis » vous appartient également.
Je reviens bientôt avec de tout nouveaux projets. En attendant, bonne lecture en vous plongeant dans vos pensées.

With all my love, Léa